AF216364

Impressum
Verlag: BABADADA GmbH, Nedderfeld 112 , 22529 Hamburg
Geschäftsführer / Verlagsleitung: Harald Hof
Druck: Books on Demand GmbH, In de Tarpen 42, 22848 Norderstedt

Imprint
Publisher: BABADADA GmbH, Nedderfeld 112 , 22529 Hamburg, Germany
Managing Director / Publishing direction: Harald Hof
Print: Books on Demand GmbH, In de Tarpen 42, 22848 Norderstedt, Germany

skola
Šola

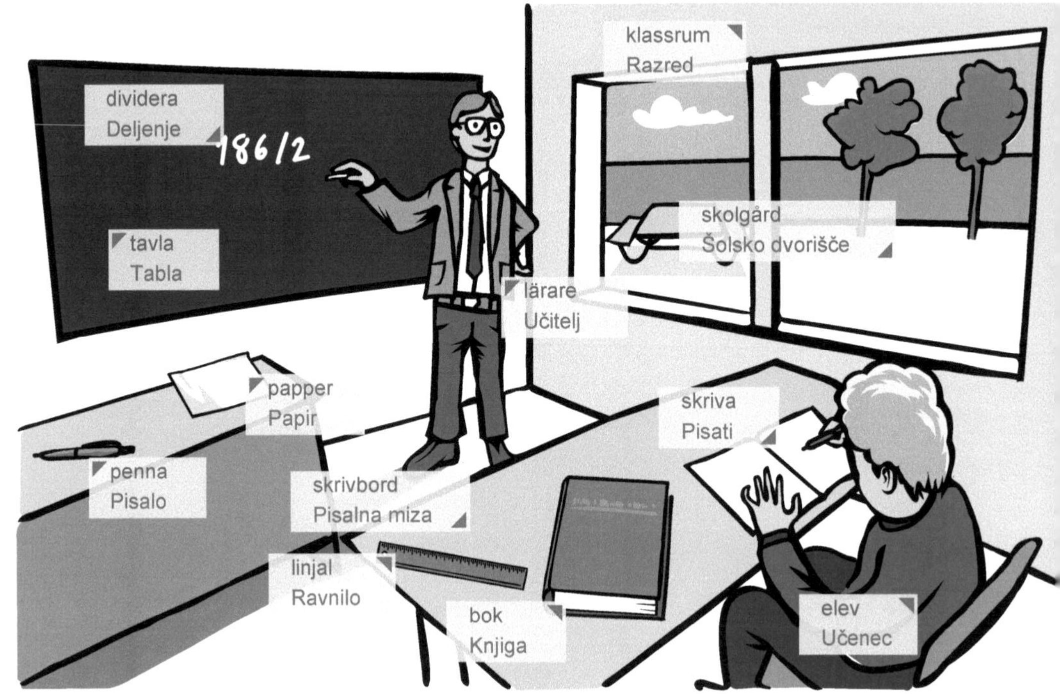

klassrum
Razred
dividera
Deljenje
186/2
tavla
Tabla
skolgård
Šolsko dvorišče
lärare
Učitelj
papper
Papir
skriva
Pisati
penna
Pisalo
skrivbord
Pisalna miza
linjal
Ravnilo
bok
Knjiga
elev
Učenec

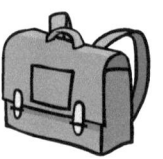

skolväska

Šolska torba

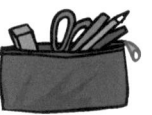

pennfodral

Peresnica

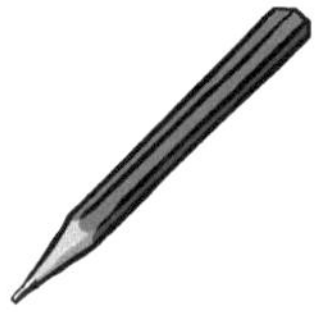

blyertspenna

Svinčnik

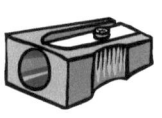

pennvässare

Šilček

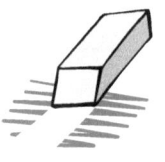

suddgummi

Radirka

ritblock

Risalni blok

teckning
Risba

pensel
Čopič

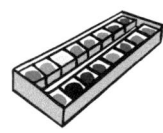

målarlåda
Vodene barvice

sax
Škarje

lim
Lepilo

övningsbok
Zvezek

hemläxa
Domača naloga

12

tal
Število

2+2

addera
Seštevanje

5-2

subtrahera
Odštevanje

2×2

multiplicera
Množenje

räkna
Računanje

A

bokstav
Črka

ABCDEFG
HIJKLMN
OPQRSTU
VWXYZ

alfabet
Abeceda

hello

ord
Beseda

text
....
Besedilo

läsa
....
Brati

krita
....
Kreda

lektion
....
Učna ura

register
....
Redovalnica

prov
....
Preizkus znanja

intyg
....
Spričevalo

skoluniform
....
Šolska uniforma

utbildning
....
Izobrazba

uppslagsverk
....
Enciklopedija

universitet
....
Univerza

mikroskop
....
Mikroskop

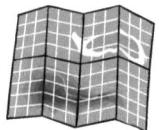

karta
....
Zemljevid

papperskorg
....
Koš za smeti

resa
Potovanje

hotell
Hotel
Grand
vandrarhem
Hostel
ROOMS
EXCHANGE
växelkontor
Menjalnica
resväska
Kovček
bil
Avtomobil

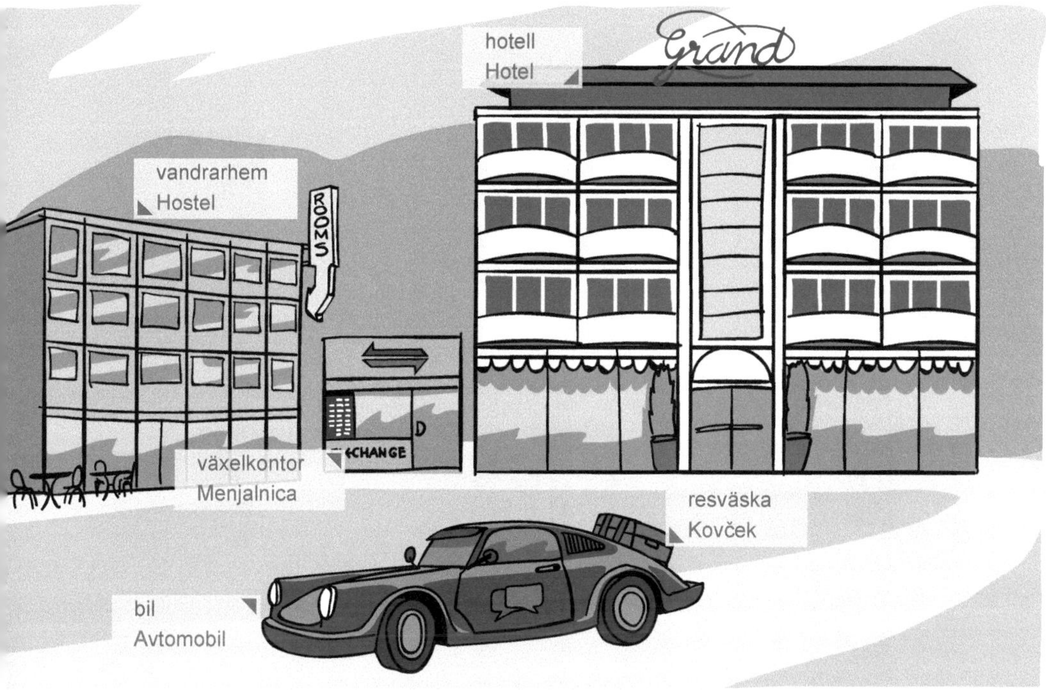

språk

Jezik

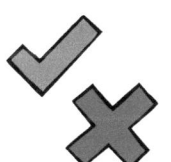

ja / nej

da / ne

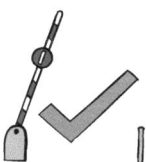

Okay

Prav

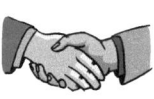

hej

Pozdravljeni

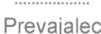

översättare

Prevajalec

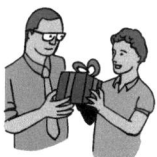

Tack

Hvala

hur mycket kostar...?

Koliko stane...?

jag förstår inte

Ne razumem

problem

Težava

God kväll!

Dober večer!

God morgon!

Dobro jutro!

God natt!

Lahko noč!

hejdå

Nasvidenje

riktning

Smer

bagage

Prtljaga

väska

Torba

ryggsäck

Nahrbtnik

gäst

Gost

rum

Soba

sovsäck

Spalna vreča

tält

Šotor

turistinformation

Turistične informacije

strand

Plaža

kreditkort

Kreditna kartica

frukost

Zajtrk

lunch

Kosilo

middag

Večerja

biljett

Vozovnica

hiss

Dvigalo

frimärke

Znamka

gräns

Meja

tull

Carina

ambassad

Veleposlaništvo

visum

Vizum

pass

Potni list

transport
Prevoz

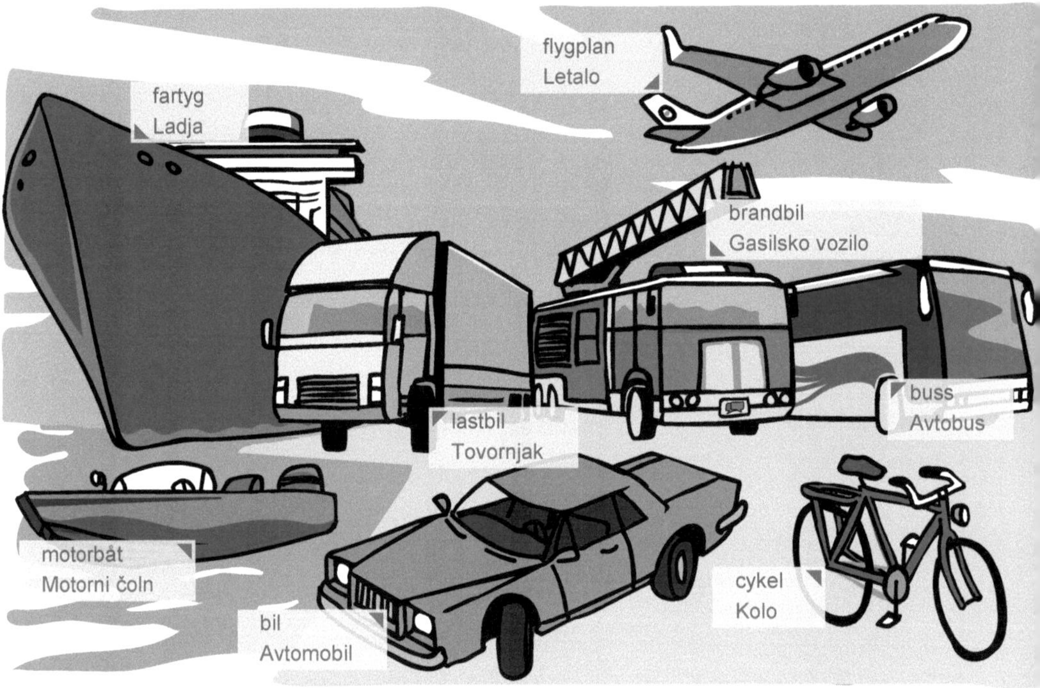
flygplan
Letalo
fartyg
Ladja
brandbil
Gasilsko vozilo
lastbil
Tovornjak
buss
Avtobus
motorbåt
Motorni čoln
cykel
Kolo
bil
Avtomobil

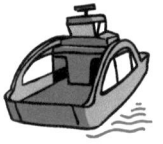

färja

Trajekt

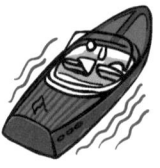

båt

Čoln

motorcykel

Motorno kolo

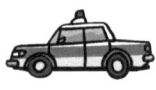

polisbil

Policijski avto

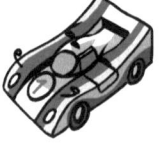

racerbil

Dirkalni avto

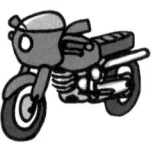

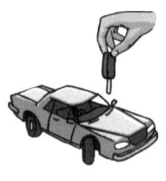

hyrbil

Najeto vozilo

bilpool

Souporaba avtomobila

bärgningsbil

Avtovleka

sopbil

Smetarsko vozilo

motor

Motor

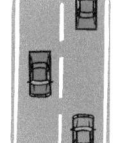

bränsle

Gorivo

bensinstation

Bencinska postaja

vägmärke

Prometni znak

trafik

Promet

bilkö

Zastoj

parkeringsplats

Parkirišče

tågstation

Železniška postaja

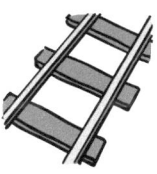

räls

Tirnice

tåg

Vlak

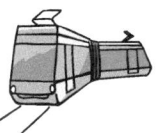

spårvagn

Tramvaj

vagn

Vagon

helikopter

Helikopter

flygplats

Letališče

torn

Stolp

passagerare

Potnik

container

Kontejner

kartong

Karton

vagn

Voziček

korg

Košara

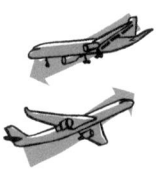

starta / landa

vzleteti / pristati

stad
Mesto

by

Vas

centrum

Mestno jedro

hus

Hiša

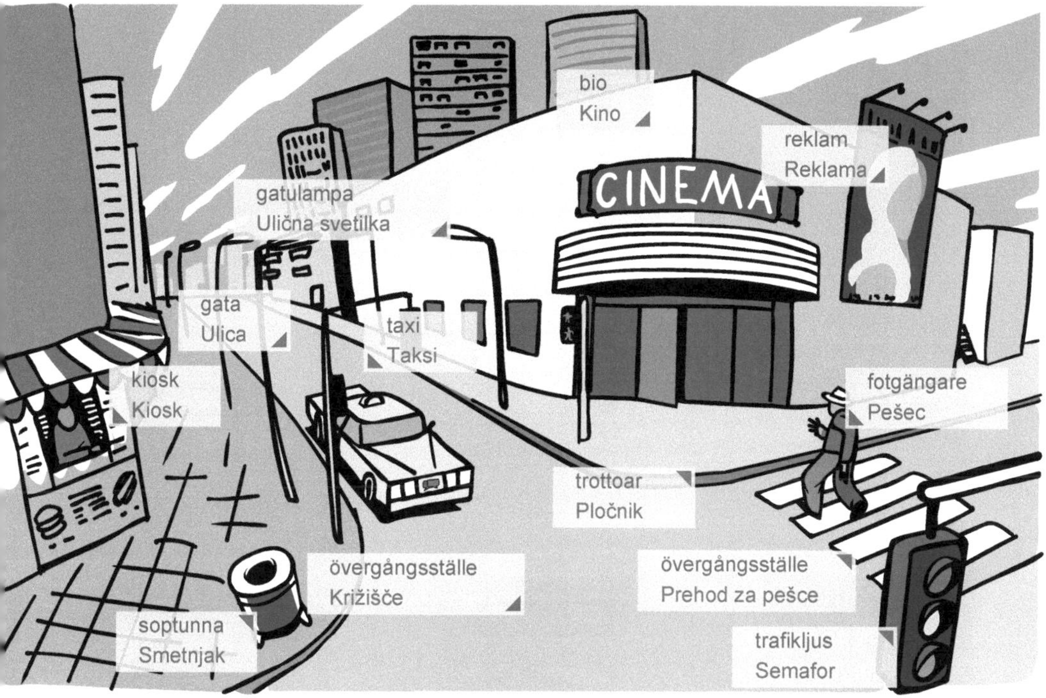
bio
Kino
reklam
Reklama
CINEMA
gatulampa
Ulična svetilka
gata
Ulica
taxi
Taksi
kiosk
Kiosk
fotgängare
Pešec
trottoar
Pločnik
övergångsställe
Križišče
övergångsställe
Prehod za pešce
soptunna
Smetnjak
trafikljus
Semafor

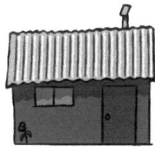

stuga
Koča

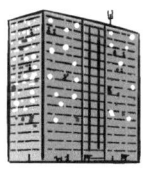

lägenhet
Stanovanje

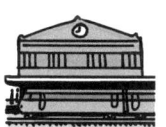

tågstation
Železniška postaja

stadshus
Mestna hiša

MUSEUM
museum
Muzej

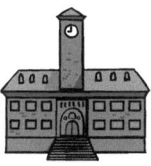

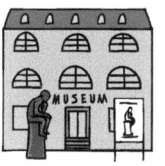

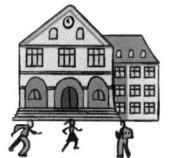

skola
Šola

universitet

Univerza

bank

Banka

sjukhus

Bolnišnica

hotell

Hotel

apotek

Lekarna

kontor

Pisarna

bokhandel

Knjigarna

affär

Trgovina

blomsterbutik

Cvetličarna

stormarknad

Supermarket

marknad

Tržnica

varuhus

Veleblagovnica

fiskhandlare

Ribarnica

köpcentrum

Nakupovalno središče

hamn

Pristanišče

park

Park

bänk

Klop

brygga

Most

trappa

Stopnice

tunnelbana

Podzemna železnica

tunnel

Predor

busshållplats

Avtobusno postajališče

bar

Bar

restaurang

Restavracija

brevlåda

Poštni nabiralnik

gatuskylt

Ulična tabla

parkeringsautomat

Parkirna ura

zoo

Živalski vrt

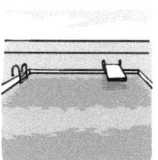

simbassäng

Kopališče

moské

Mošeja

stad - Mesto

bondgård
Kmetija

förorening
Onesnaževanje

kyrkogård
Pokopališče

kyrka
Cerkev

lekplats
Otroško igrišče

tempel
Tempelj

landskap
Pokrajina

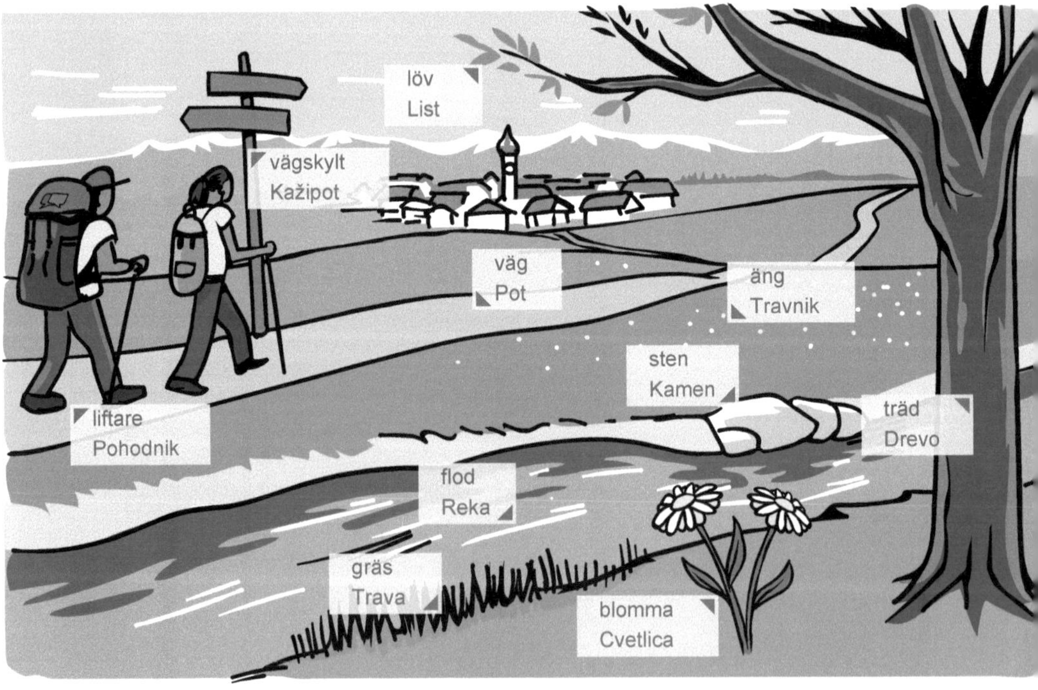

löv
List

vägskylt
Kažipot

väg
Pot

äng
Travnik

sten
Kamen

träd
Drevo

liftare
Pohodnik

flod
Reka

gräs
Trava

blomma
Cvetlica

dal
Dolina

kulle
Hrib

sjö
Jezero

skog
Gozd

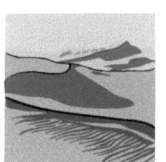

öken
Puščava

vulkan
Vulkan

slott
Grad

regnbåge
Mavrica

svamp
Goba

palm
Palma

mygga
Komar

fluga
Muha

myra
Mravlja

bi
Čebela

spindel
Pajek

skalbagge

Hrošč

groda

Žaba

ekorre

Veverica

igelkott

Jež

hare

Zajec

uggla

Sova

fågel

Ptič

svan

Labod

vildsvin

Divji prašič

rådjur

Jelen

älg

Los

damm

Jez

vindkraftverk

Vetrnica

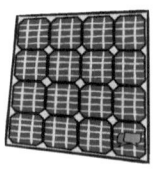

solcellspanel

Solarna plošča

klimat

Podnebje

restaurang
Restavracija

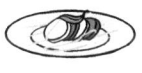

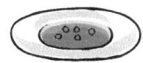

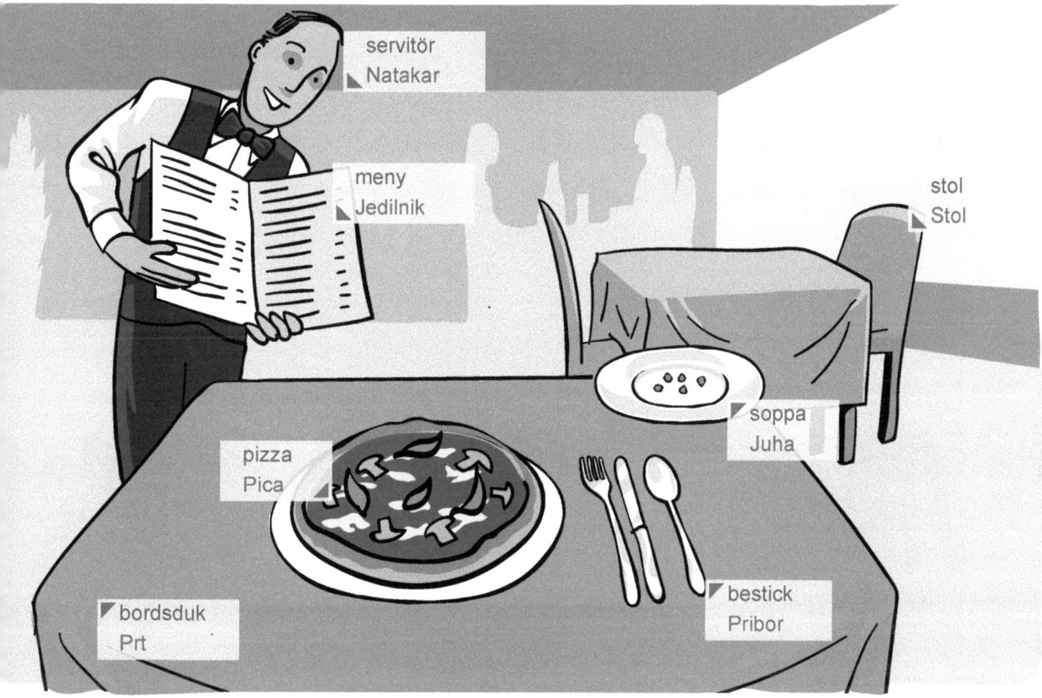
servitör
Natakar
meny
Jedilnik
stol
Stol
soppa
Juha
pizza
Pica
bestick
Pribor
bordsduk
Prt

förrätt

Predjed

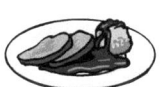

huvudrätt

Glavna jed

dessert

Sladica

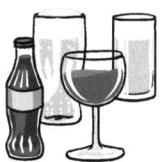

drycker

Pijače

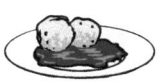

mat

Hrana

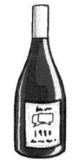

flaska

Steklenica

snabbmat

Hitra hrana

street food

Ulična hrana

tekanna

Čajnik

sockerskål

Sladkornica

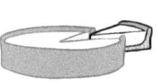

portion

Porcija

espressomaskin

Aparat za espresso

barnstol

Stolček za hranjenje

räkning

Račun

bricka

Pladenj

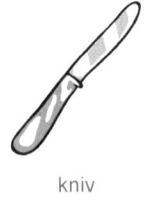

kniv

Nož

gaffel

Vilica

sked

Žlica

tesked

Čajna žlička

servett

Servieta

glas

Kozarec

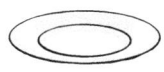

tallrik

Krožnik

sopptallrik

Globoki krožnik

tefat

Krožniček

sås

Omaka

saltkar

Solnica

pepparkvarn

Mlinček za poper

vinäger

Kis

olja

Olje

kryddor

Začimbe

ketchup

Kečap

senap

Gorčica

majonnäs

Majoneza

stormarknad
Supermarket

specialerbjudande
Posebna ponudba
FOR
kund
Stranka
mejeriprodukter
Mlečni izdelki
frukt
Sadje
varukorg
Nakupovalni voziček

BUTCHERS

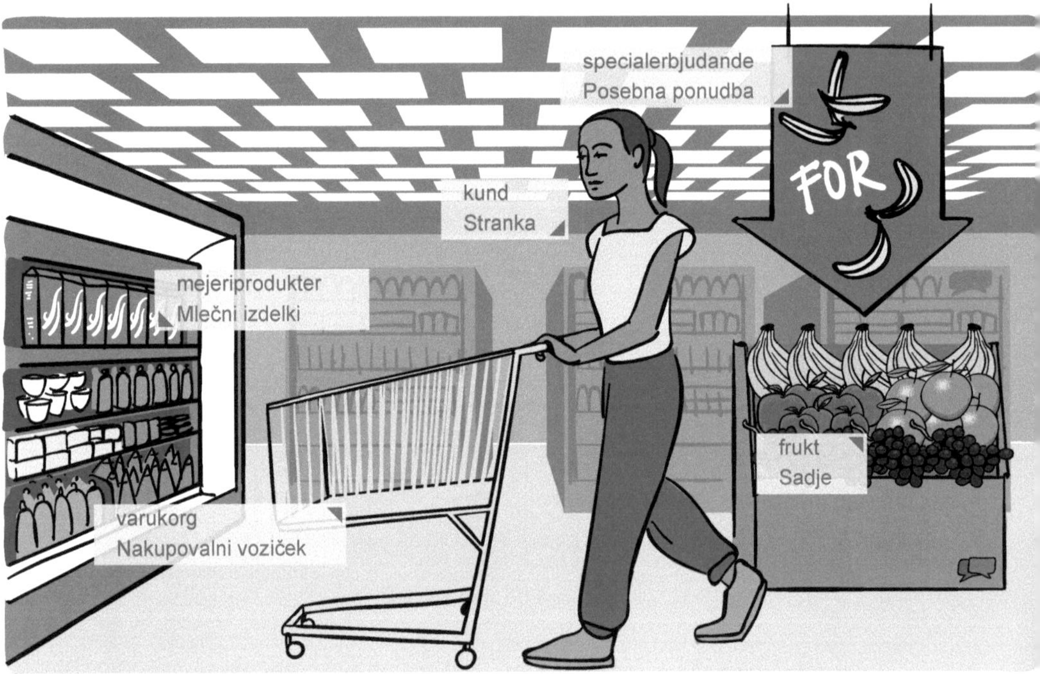

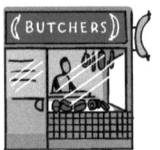

charkuteri

Mesnica

BAKERY

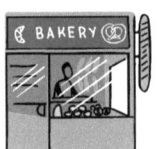

bageri

Pekarna

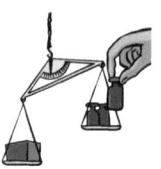

väga

Tehtati

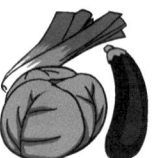

grönsaker

Zelenjava

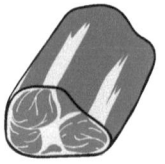

kött

Meso

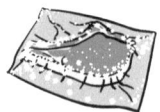

frysta livsmedel

Zamrznjena hrana

pålägg

Hladne mesnine

konserver

Konzerve

tvättmedel

Pralni prašek

godis

Sladkarije

hushållsprodukter

Gospodinjski izdelki

rengöringsmedel

Čistilno sredstvo

försäljare

Prodajalka

kassa

Blagajna

kassör

Blagajnik

inköpslista

Nakupovalni seznam

öppettider

Delovni čas

plånbok

Denarnica

kreditkort

Kreditna kartica

väska

Torba

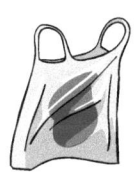

plastpåse

Plastična vrečka

vatten

Voda

juice

Sok

mjölk

Mleko

cola

Kola

vin

Vino

öl

Pivo

alkohol

Alkohol

kakao

Kakav

te

Čaj

kaffe

Kava

espresso

Espresso

cappuccino

Kapučino

banan

Banana

äpple

Jabolko

apelsin

Pomaranča

melon

Lubenica

citron

Limona

morot

Korenje

vitlök

Česen

bambu

Bambus

lök

Čebula

svamp

Goba

nötter

Oreščki

nudlar

Rezanci

spaghetti

Špageti

ris

Riž

sallad

Solata

pommes frites

Ocvrt krompirček

stekt potatis

Pečen krompir

pizza

Pica

hamburgare

Hamburger

smörgås

Sendvič

schnitzel

Zrezek

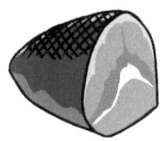

skinka

Šunka

salami

Salama

korv

Klobasa

kyckling

Piščanec

stek

Pečenka

fisk

Riba

havregryn

Ovseni kosmiči

müsli

Musli

cornflakes

Koruzni kosmiči

mjöl

Moka

croissant

Rogljiček

fralla

Žemlja

bröd

Kruh

rostat bröd

Prepečenec

kex

Piškoti

smör

Maslo

kvarg

Skuta

kaka

Torta

ägg

Jajce

stekt ägg

Pečeno jajce na oko

ost

Sir

glass

Sladoled

socker

Sladkor

honung

Med

sylt

Marmelada

nougatkräm

Čokoladni namaz

curry

Kari

bondgård
Kmetija

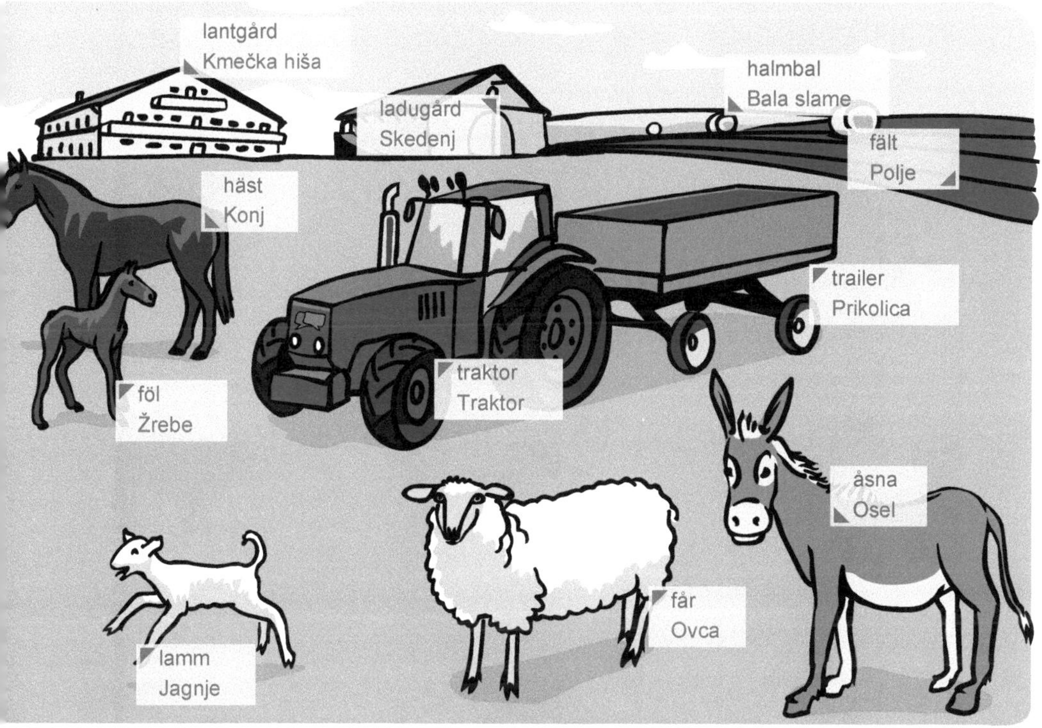
lantgård
Kmečka hiša
ladugård
Skedenj
halmbal
Bala slame
fält
Polje
häst
Konj
trailer
Prikolica
föl
Žrebe
traktor
Traktor
åsna
Osel
får
Ovca
lamm
Jagnje

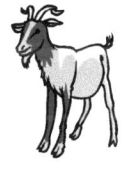

get

Koza

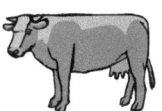

ko

Krava

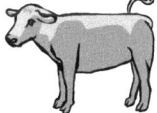

kalv

Tele

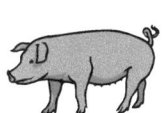

gris

Prašič

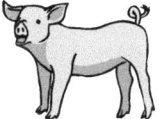

griskulting

Pujsek

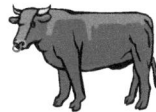

tjur

Bik

gås

Gos

anka

Raca

kyckling

Piščanec

höna

Kokoš

tupp

Petelin

råtta

Podgana

katt

Mačka

mus

Miš

oxe

Vol

hund

Pes

hundkoja

Pasja uta

trädgårdsslang

Cev za zalivanje

vattenkanna

Kangla za zalivanje

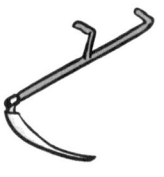

lie

Kosa

plog

Plug

skära

Srp

hacka

Motika

högaffel

Vile

yxa

Sekira

skottkärra

Samokolnica

tråg

Korito

mjölkflaska

Kangla za mleko

säck

Vreča

staket

Ograja

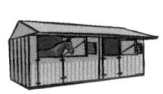

stall

Hlev

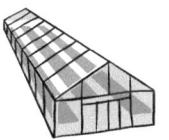

växthus

Rastlinjak

jord

Prst

säd

Seme

gödsel

Gnojilo

skördetröska

Kombajn

skörda

Žeti

skörd

Žetev

jams

Jam

vete

Pšenica

soja

Soja

potatis

Krompir

majs

Koruza

raps

Oljna ogrščica

frukträd

Sadno drevo

maniok

Maniok

spannmål

Žito

hus
Hiša

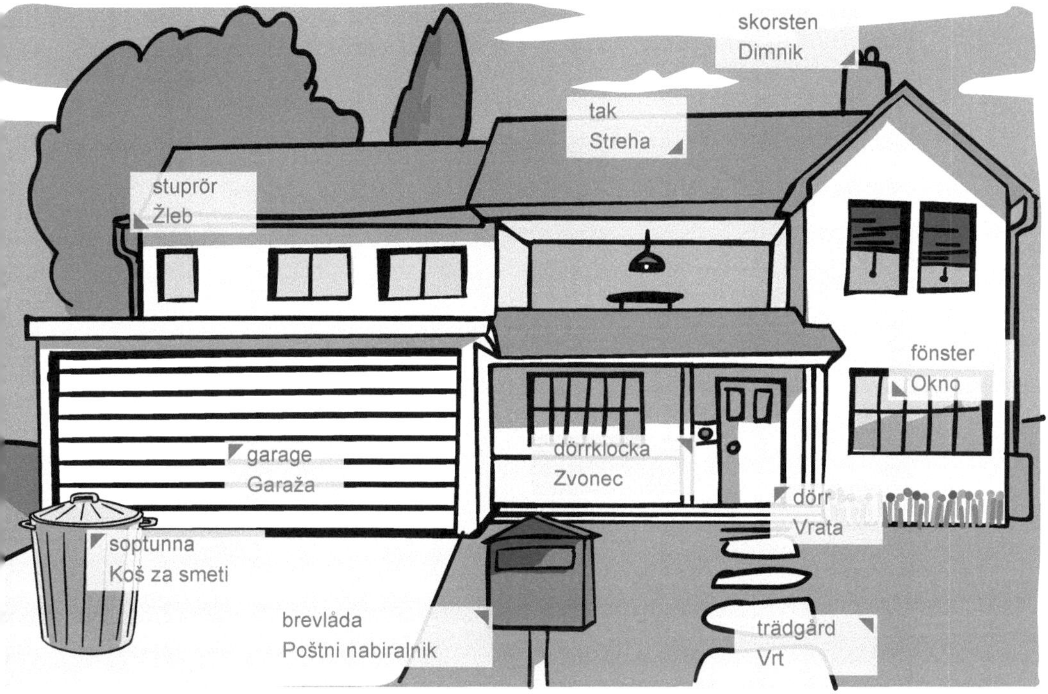
skorsten
Dimnik
tak
Streha
stuprör
Žleb
fönster
Okno
garage
Garaža
dörrklocka
Zvonec
dörr
Vrata
soptunna
Koš za smeti
brevlåda
Poštni nabiralnik
trädgård
Vrt

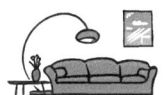

vardagsrum

Dnevna soba

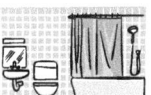

badrum

Kopalnica

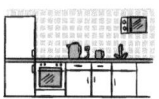

kök

Kuhinja

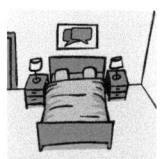

sovrum

Spalnica

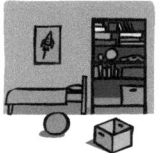

barnrum

Otroška soba

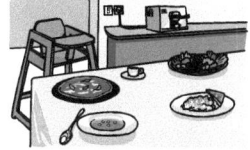

matsal

Jedilnica

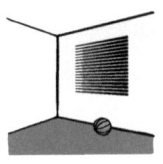

golv
Tla

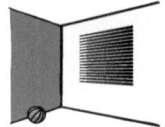

vägg
Stena

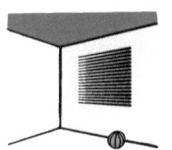

tak
Strop

källare
Klet

bastu
Savna

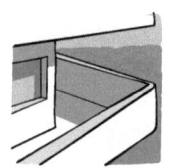

balkong
Balkon

terrass
Terasa

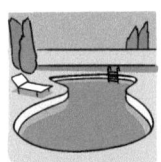

bassäng
Bazen

gräsklippare
Kosilnica

lakan
Rjuha

överkast
Posteljno pregrinjalo

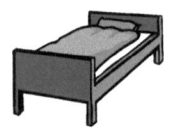

säng
Postelja

kvast
Metla

hink
Vedro

strömbrytare
Stikalo

vardagsrum
Dnevna soba

tapet
Tapeta
bild
Slika
lampa
Svetilka
hylla
Polica
skåp
Omara
TV
Televizor
eldstad
Kamin
blomma
Cvetlica
kudde
Blazina
soffa
Zofa
vas
Vaza
fjärrkontroll
Daljinski upravljalnik

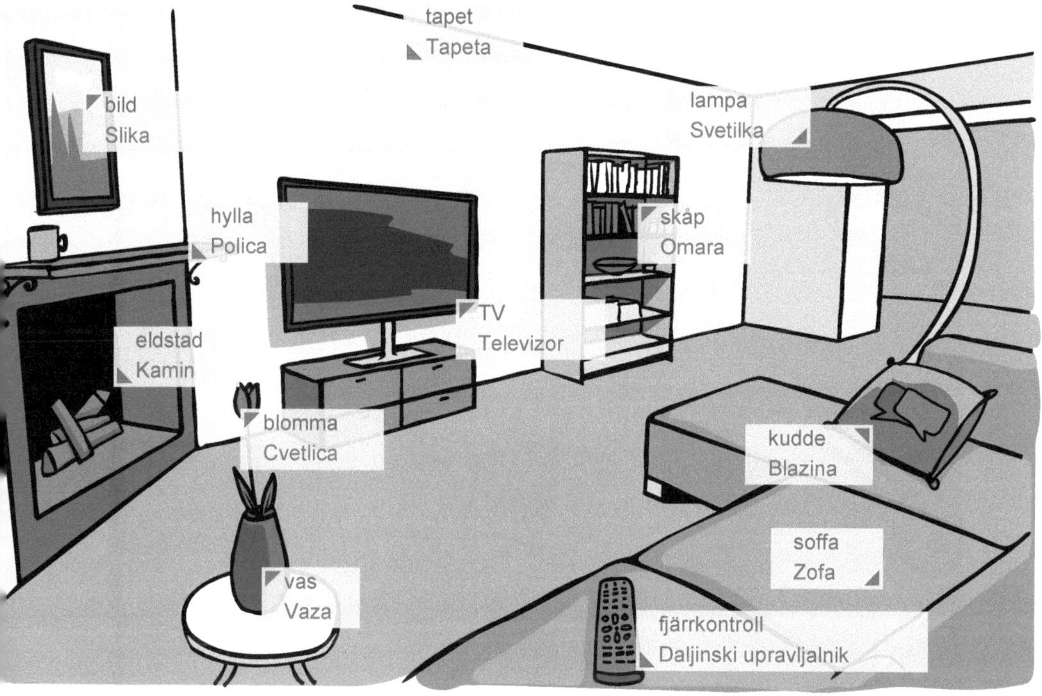

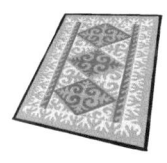

matta
Preproga

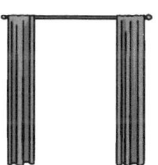

gardin
Zavesa

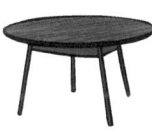

bord
Miza

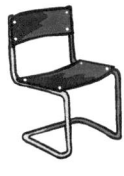

stol
Stol

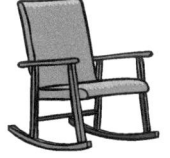

gungstol
Gugalnik

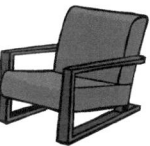

fåtölj
Naslanjač

bok

Knjiga

filt

Odeja

dekoration

Dekoracija

vedträ

Drva

film

Film

stereoanläggning

Glasbeni stolp

nyckel

Ključ

dagstidning

Časopis

målning

Slika

poster

Plakat

radio

Radio

anteckningsbok

Beležka

dammsugare

Sesalnik

kaktus

Kaktus

stearinljus

Sveča

kök
Kuhinja

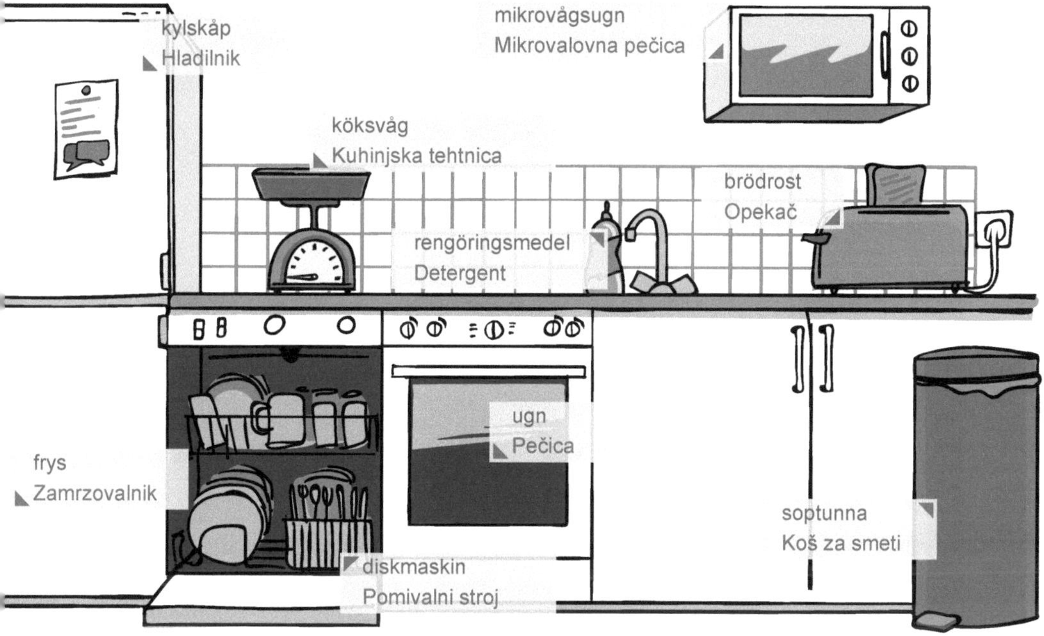
kylskåp
Hladilnik
mikrovågsugn
Mikrovalovna pečica
köksvåg
Kuhinjska tehtnica
brödrost
Opekač
rengöringsmedel
Detergent
ugn
Pečica
frys
Zamrzovalnik
soptunna
Koš za smeti
diskmaskin
Pomivalni stroj

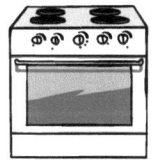

spis
Kozica

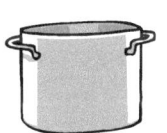

kastrull
Lonec

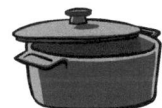

järngryta
Litoželezni lonec

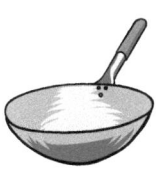

wok / kadai
Vok / kadai

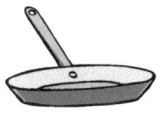

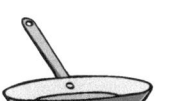

stekpanna
Ponev

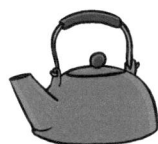

vattenkokare
Kotliček

ångkokare

Parni kuhalnik

bakplåt

Pekač

porslin

Posoda

mugg

Skodelica

skål

Skleda

ätpinnar

Jedilne paličice

soppslev

Zajemalka

stekspade

Lopatica

visp

Metlica

durkslag

Cedilnik

sil

Cedilo

rivjärn

Strgalo

mortel

Možnar

grill

Žar

brasa

Ognjišče

skärbräda

Deska za rezanje

kavel

Valjar

korkskruv

Odpirač za steklenice

burk

Pločevinka

burköppnare

Odpirač za konzerve

grytlapp

Prijemalka za posodo

vask

Korito

borste

Ščetka

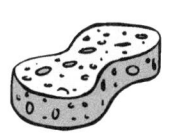

svamp

Goba

mixer

Mešalnik

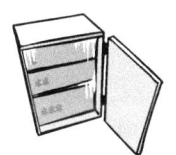

frys

Zamrzovalna skrinja

nappflaska

Steklenička

kran

Pipa

badrum
Kopalnica

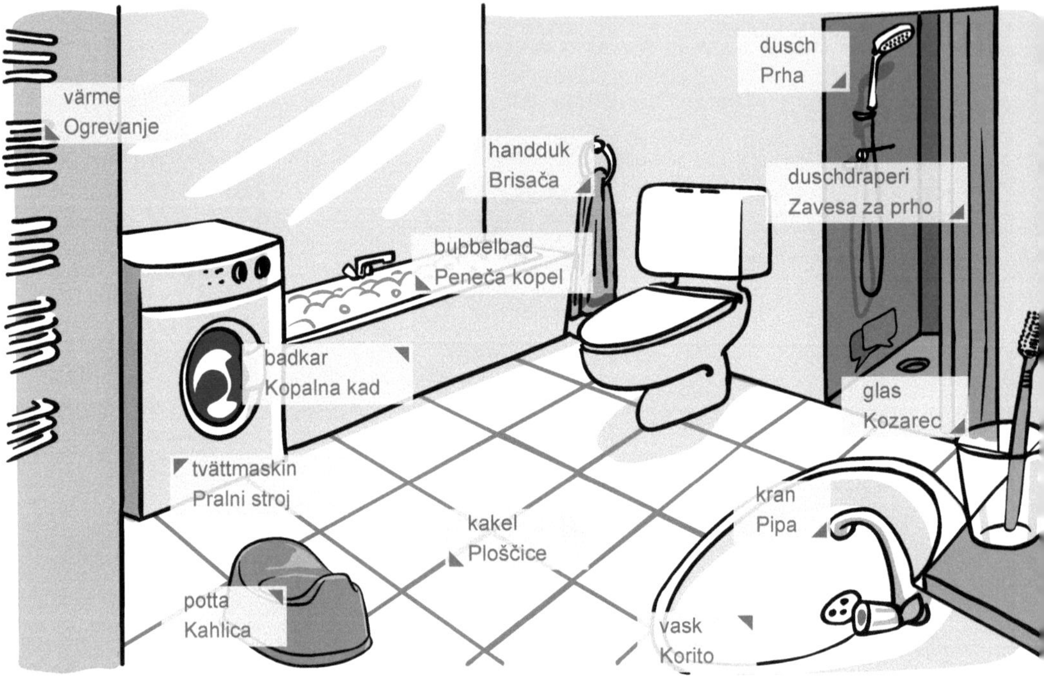
värme
Ogrevanje
handduk
Brisača
dusch
Prha
duschdraperi
Zavesa za prho
bubbelbad
Peneča kopel
badkar
Kopalna kad
tvättmaskin
Pralni stroj
glas
Kozarec
kran
Pipa
kakel
Ploščice
potta
Kahlica
vask
Korito

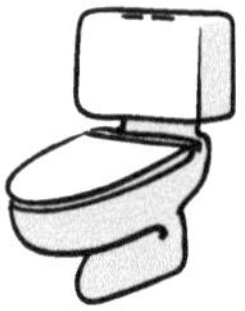
toalett

Stranišče

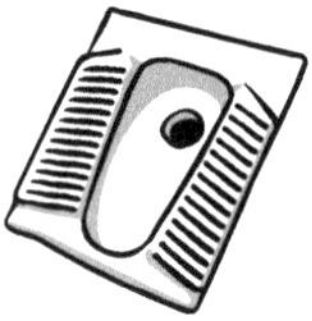
låg toalett

Stranišče na počep

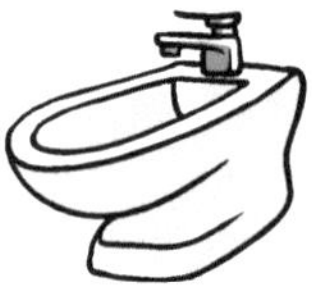
bidet

Bide

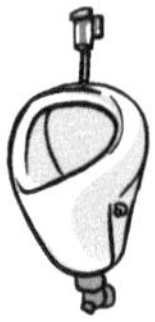
pissoar

Pisoar

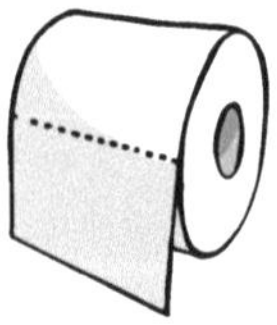
toalettpapper

Toaletni papir

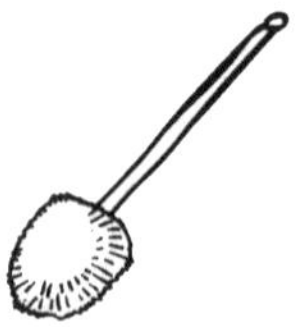
toalettborste

Ščetka za straniščno školjko

tandborste

Zobna ščetka

tandkräm

Zobna pasta

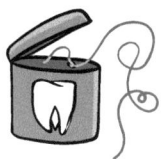

tandtråd

Zobna nitka

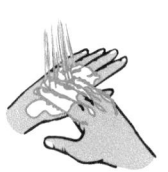

tvätta

Umiti se

handdusch

Ročna prha

intimdusch

Prha za intimne dele

handfat

Umivalnik

ryggborste

Krtača za hrbet

tvål

Milo

duschgel

Gel za prhanje

schampo

Šampon

trasa

Krpica za miljenje

avlopp

Odtok

crème

Krema

deodorant

Deodorant

spegel

Ogledalo

handspegel

Ročno ogledalo

rakhyvel

Britvica

raklödder

Pena za britje

rakvatten

Vodica po britju

kam

Glavnik

borste

Ščetka

hårtork

Sušilnik za lase

hårspray

Lak za lase

smink

Ličila

läppstift

Šminka

nagellack

Lak za nohte

bomullsvadd

Vatirane blazinice

nagelsax

Škarjice za nohte

parfym

Parfum

necessär

Toaletna torbica

pall

Stol brez naslonjala

våg

Osebna tehtnica

badrock

Kopalni plašč

gummihandskar

Gumijaste rokavice

tampong

Tampon

binda

Damski vložki

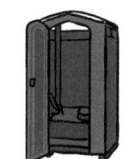

kemisk toalett

Kemično stranišče

barnrum
Otroška soba

väckarklocka
Budilka
gosedjur
Plišasta igrača
leksaksbil
Avtomobilček
skallra
Ropotuljica
dockhus
Hiška za punčke
present
Darilo

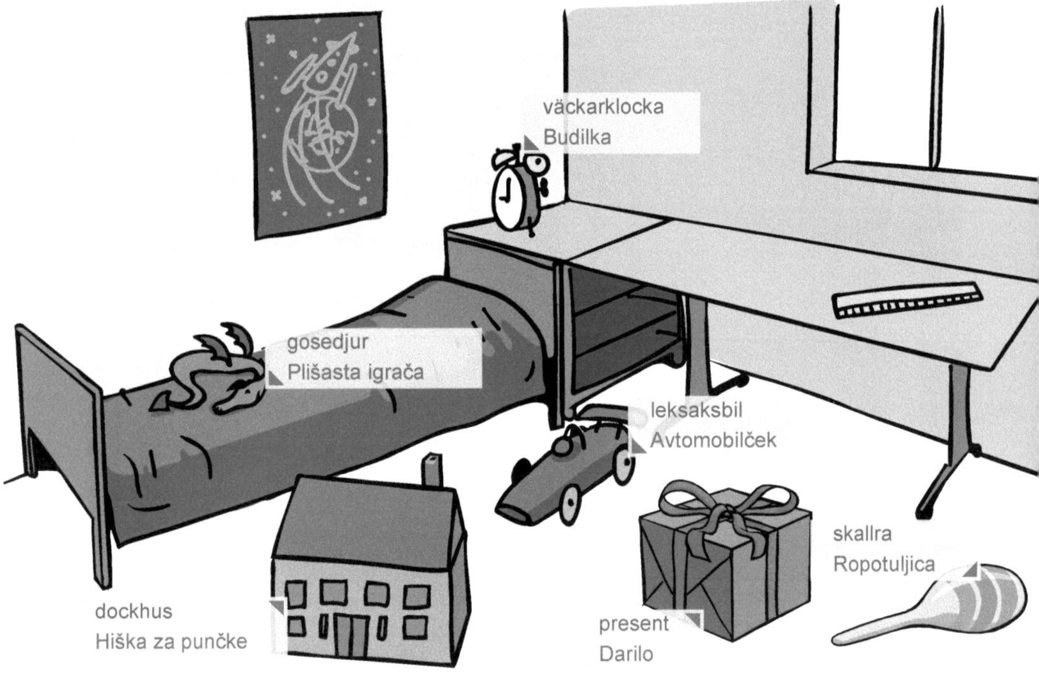

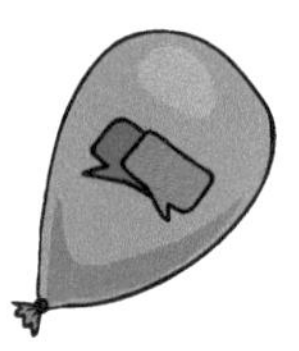

ballong
Balon

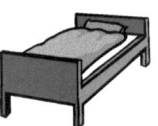

säng
Postelja

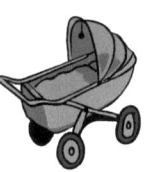

barnvagn
Otroški voziček

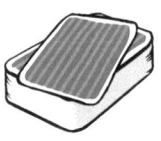

kortlek
Igralne karte

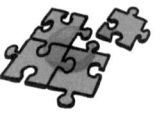

pussel
Sestavljanka

serietidning
Strip

legobitar

Lego kocke

klossar

Igralne kocke

actionfigur

Akcijska figura

sparkdräkt

Bodi

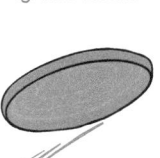

frisbee

Frizbi

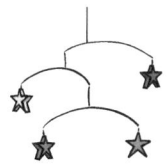

mobil

Vrtiljak za posteljico

brädspel

Namizna igra

tärning

Kocka

modelljärnväg

Komplet modelov vlakov

napp

Duda

party

Zabava

bilderbok

Slikanica

boll

Žoga

docka

Lutka

spela

Igrati se

sandlåda

Peskovnik

gunga

Gugalnica

leksaker

Igrače

spelkonsol

Igralna konzola

trehjuling

Tricikel

nalle

Plišasti medvedek

garderob

Garderoba

kläder

Oblačilo

sockar

Nogavice

strumpor

Samostoječe nogavice

tights

Hlačne nogavice

halsduk
Šal

paraply
Dežnik

t-shirt
Majica s kratkimi rokavi

bälte
Pas

stövlar
Škornji

tofflor
Copati

sneakers
Športni copati

sandaler
Sandali

skor
Čevlji

gummistövlar
Gumijasti škornji

underbyxor
Spodnje hlače

BH
Modrček

linne
Telovnik

body

Bodi

byxor

Hlače

jeans

Kavbojke

kjol

Krilo

blus

Bluza

skjorta

Srajca

pullover

Pulover

sweater

Pletena jopica

blazer

Jopa

jacka

Jakna

kappa

Plašč

regnjacka

Dežni plašč

dräkt

Kostim

klänning

Obleka

bröllopsklänning

Poročna obleka

kostym

Obleka

nattlinne

Spalna srajca

pyjamas

Pižama

sari

Sari

slöja

Naglavna ruta

turban

Turban

burka

Burka

kaftan

Kaftan

abaya

Abaja

baddräkt

Kopalke

badbyxor

Kopalne hlače

shorts

Kratke hlače

träningsoverall

Trenirka

förkläde

Predpasnik

handskar

Rokavice

knapp

Gumb

glasögon

Očala

armband

Zapestnica

halsband

Verižica

ring

Prstan

örhänge

Uhan

mössa

Kapa

galge

Obešalnik

hatt

Klobuk

slips

Kravata

dragkedja

Zadrga

hjälm

Čelada

hängslen

Naramnice

skoluniform

Šolska uniforma

uniform

Uniforma

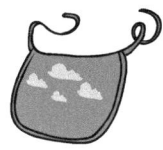

haklapp

Slinček

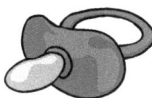

napp

Duda

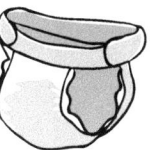

blöja

Plenica

kontor
Pisarna

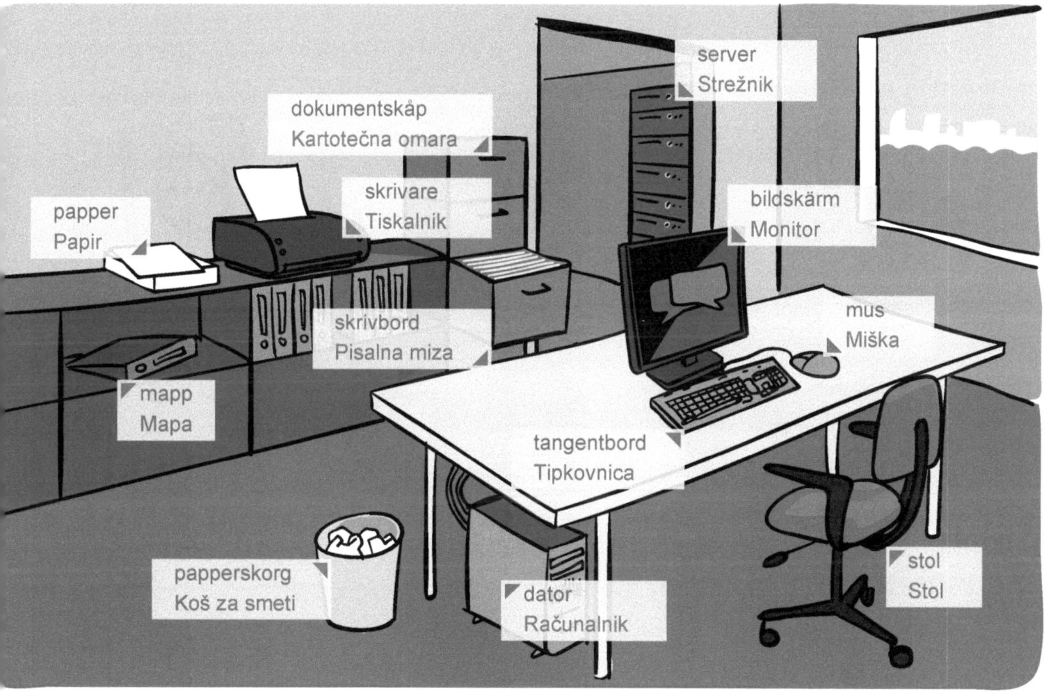

server
Strežnik
dokumentskåp
Kartotečna omara
skrivare
Tiskalnik
papper
Papir
bildskärm
Monitor
skrivbord
Pisalna miza
mus
Miška
mapp
Mapa
tangentbord
Tipkovnica
papperskorg
Koš za smeti
dator
Računalnik
stol
Stol

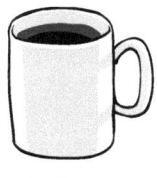

kaffemugg

Lonček za kavo

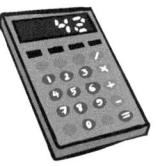

miniräknare

Kalkulator

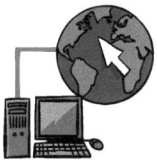

internet

Internet

bärbar dator

Prenosnik

brev

Pismo

meddelande

Sporočilo

mobiltelefon

Mobilnik

nätverk

Omrežje

kopieringsapparat

Kopirni stroj

programvara

Programska oprema

telefon

Telefon

vägguttag

Vtičnica

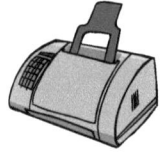

fax

Telefaks

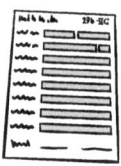

blankett

Obrazec

dokument

Dokument

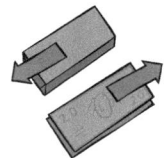

köpa

Kupiti

betala

Plačati

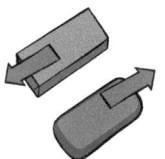

handla

Trgovati

pengar

Denar

dollar

Dolar

euro

Evro

yen

Jen

rubel

Rubelj

schweizisk franc

Švičarski frank

renminbi yan

Kitajski juan renminbi

rupie

Rupija

bankomat

Bankomat

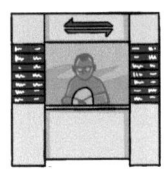

växelkontor

Menjalnica

guld

Zlato

silver

Srebro

olja

Nafta

energi

Energija

pris

Cena

kontrakt

Pogodba

skatt

Davek

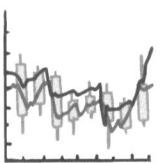

aktie

Delnice

arbeta

Delati

anställd

Delojemalec

arbetsgivare

Delodajalec

fabrik

Tovarna

affär

Trgovina

yrken
Poklici

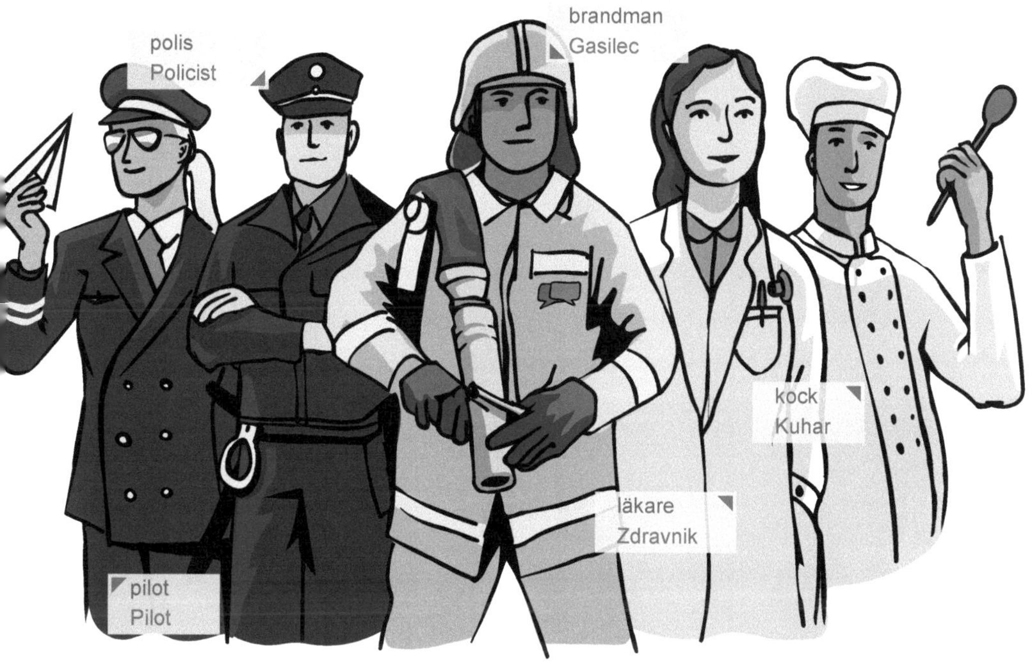
brandman
Gasilec
polis
Policist
kock
Kuhar
läkare
Zdravnik
pilot
Pilot

trädgårdsmästare

Vrtnar

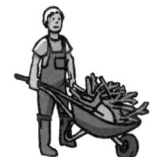

snickare

Mizar

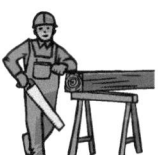

sömmerska

Šivilja

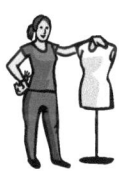

domare

Sodnik

kemist

Kemik

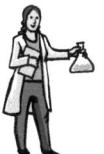

skådespelare

Igralec

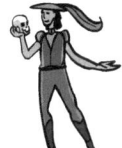

busschaufför

Voznik avtobusa

taxichaufför

Taksist

fiskare

Ribič

städerska

Čistilka

takläggare

Krovec

servitör

Natakar

jägare

Lovec

målare

Pleskar

bagare

Pek

elektriker

Električar

byggarbetare

Gradbenik

ingenjör

Inženir

slaktare

Mesar

rörmokare

Vodovodni inštalater

brevbärare

Poštar

soldat

Vojak

arkitekt

Arhitekt

kassör

Blagajnik

florist

Cvetličar

frisör

Frizer

konduktör

Sprevodnik

mekaniker

Mehanik

kapten

Kapitan

tandläkare

Zobozdravnik

vetenskapsman

Znanstvenik

rabbin

Rabin

imam

Imam

munk

Menih

präst

Duhovnik

verktyg
Orodje

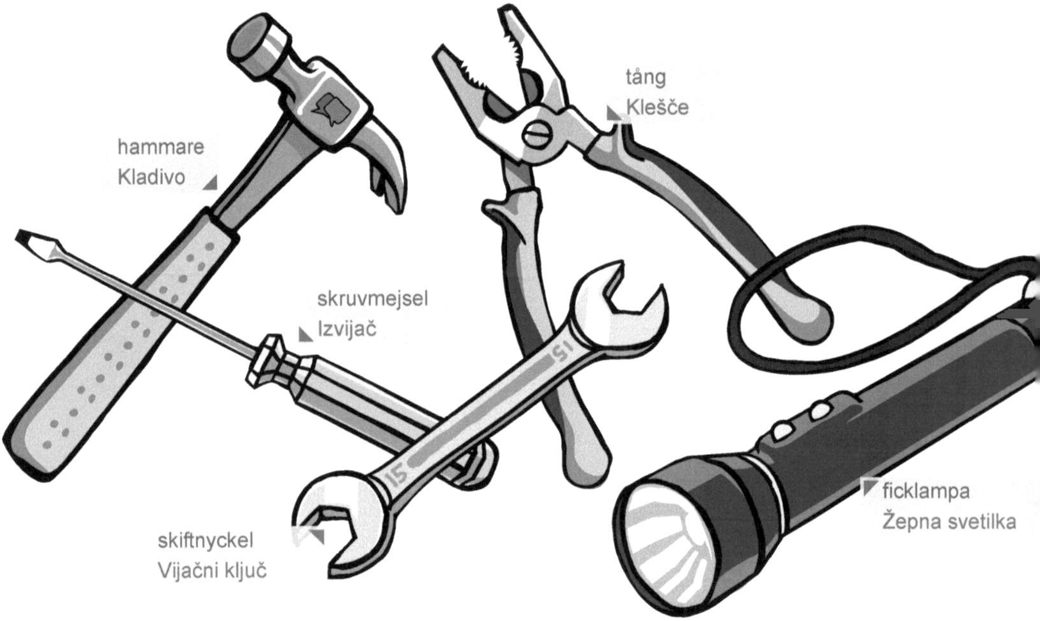
tång
Klešče
hammare
Kladivo
skruvmejsel
Izvijač
skiftnyckel
Vijačni ključ
ficklampa
Žepna svetilka

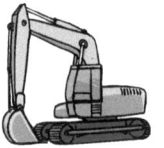

grävmaskin

Bager

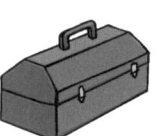

verktygslåda

Zaboj z orodjem

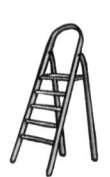

stege

Lestev

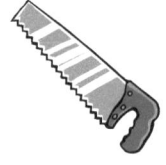

såg

Žaga

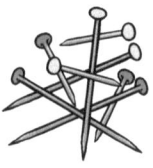

spik

Žeblji

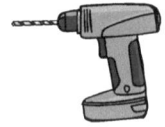

borr

Vrtalnik

reparera

Popraviti

spade

Lopata

Helvete!

Šment!

sopskyffel

Smetišnica

färgburk

Posoda z barvo

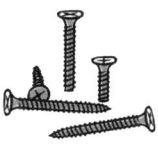

skruvar

Vijaki

musikinstrument
Glasbeni instrument

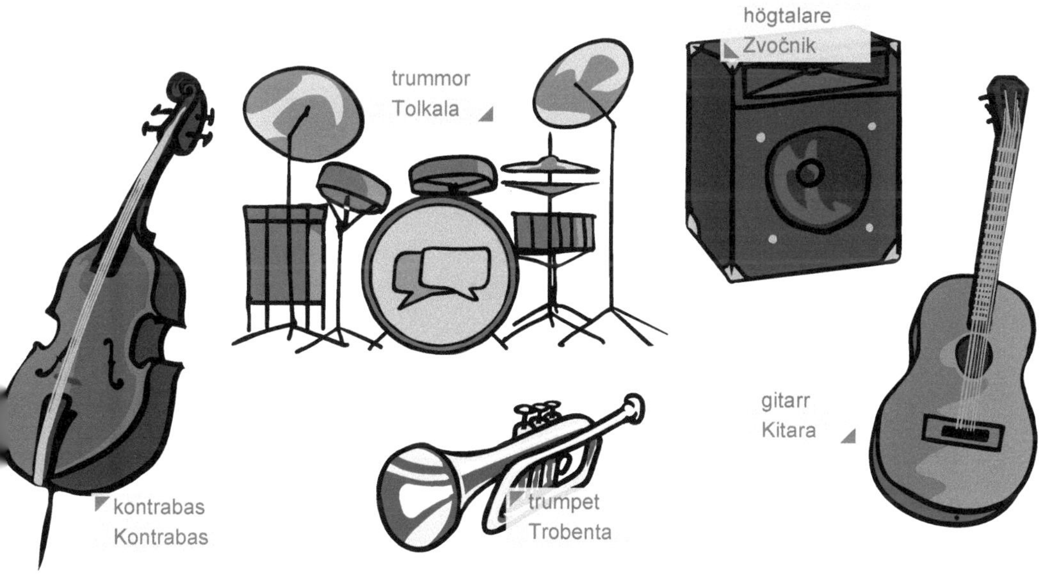

högtalare
Zvočnik

trummor
Tolkala

kontrabas
Kontrabas

trumpet
Trobenta

gitarr
Kitara

piano

Klavir

violin

Violina

bas

Bas kitara

timpani

Pavke

trumma

Bobni

keyboard

Sintetizator

saxofon

Saksofon

flöjt

Flavta

mikrofon

Mikrofon

tiger
Tiger

ingång
Vhod

bur
Kletka

zebra
Zebra

djurfoder
Krma za živali

panda
Panda

djur

Živali

elefant

Slon

känguru

Kenguru

noshörning

Nosorog

gorilla

Gorila

björn

Medved

kamel

Kamela

struts

Noj

lejon

Lev

apa

Opica

flamingo

Plamenec

papegoja

Papagaj

isbjörn

Severni medved

pingvin

Pingvin

haj

Morski pes

páfágel

Pav

orm

Kača

krokodil

Krokodil

djurskötare

Oskrbnik v živalskem vrtu

säl

Tjulenj

jaguar

Jaguar

ponny

Poni

leopard

Leopard

flodhäst

Povodni konj

giraff

Žirafa

örn

Orel

vildsvin

Divji prašič

fisk

Riba

sköldpadda

Želva

valross

Mrož

räv

Lisica

gazell

Gazela

amerikansk fotboll
Ameriški nogomet

cykling
Kolesarjenje

tennis
Tenis

basket
Košarka

simning
Plavanje

boxning
Boks

ishockey
Hokej

fotboll
....
Nogomet

badminton
....
Badminton

friidrott
....
Atletika

handboll
....
Rokomet

skidåkning
....
Smučanje

polo
....
Polo

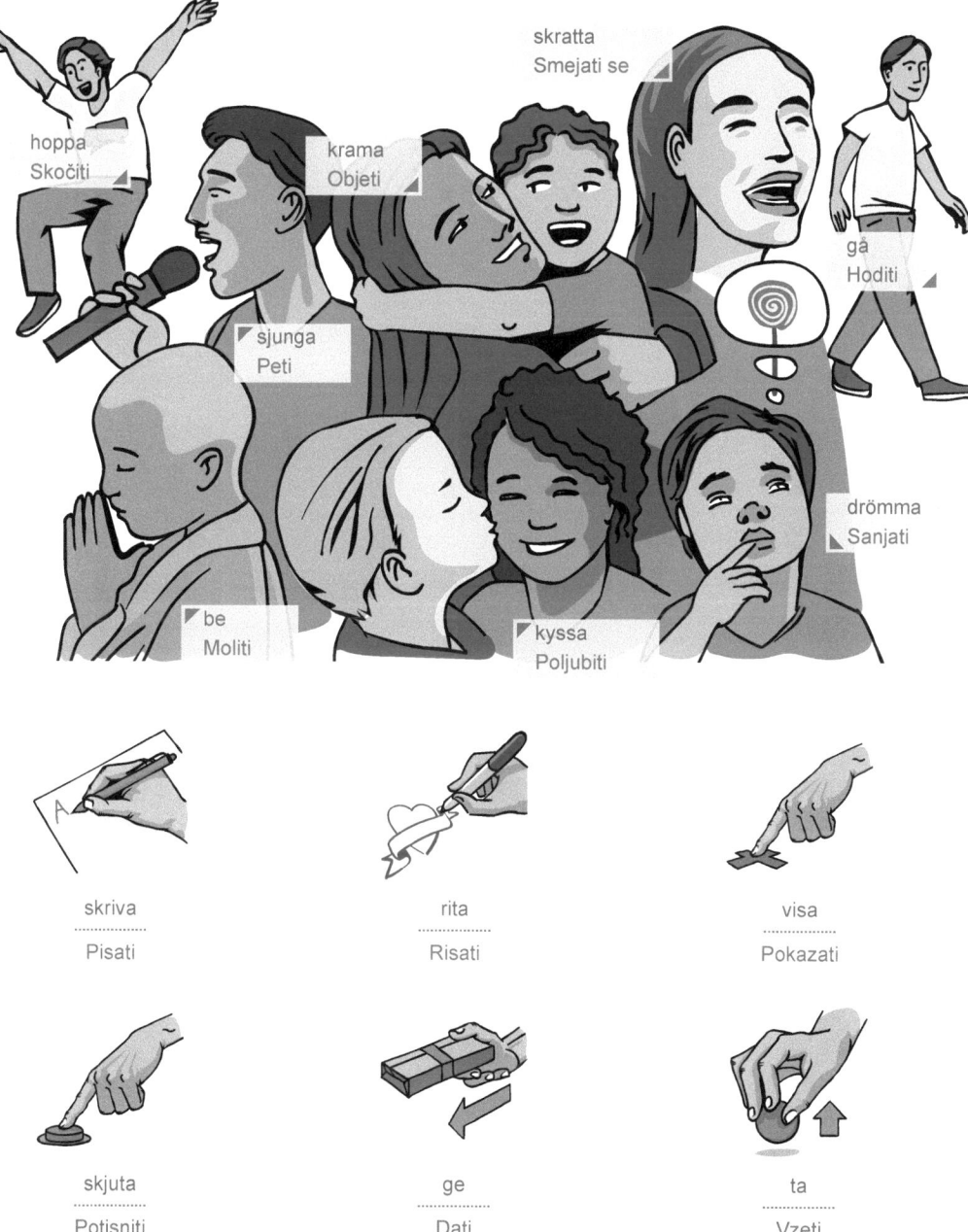

hoppa
Skočiti

skratta
Smejati se

krama
Objeti

gå
Hoditi

sjunga
Peti

drömma
Sanjati

be
Moliti

kyssa
Poljubiti

skriva
Pisati

rita
Risati

visa
Pokazati

skjuta
Potisniti

ge
Dati

ta
Vzeti

hagel

Imeti

göra

Narediti

vara

Biti

stå

Stati

springa

Teči

dra

Vleči

kasta

Vreči

falla

Pasti

ligga

Ležati

vänta

Čakati

bära

Nositi

sitta

Sedeti

klä på

Obleči se

sova

Spati

vakna

Zbuditi se

se på
Gledati

gråta
Jokati

smeka
Božati

kamma
Česati se

prata
Govoriti

förstå
Razumeti

fråga
Vprašati

höra
Poslušati

dricka
Piti

äta
Jesti

städa
Pospraviti

älska
Ljubiti

laga mat
Kuhati

köra
Voziti

flyga
Leteti

segla

Jadrati

räkna

Računanje

läsa

Brati

lära sig

Učiti se

arbeta

Delati

gifta sig

Poročiti se

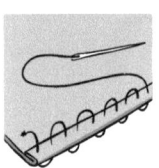

sy

Šivati

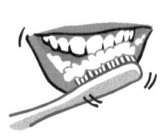

borsta tänderna

Sčetkati si zobe

döda

Ubiti

röka

Kaditi

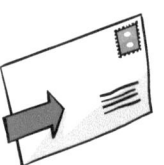

skicka

Poslati

familj
Družina

mormor/farmor
Stara mati
morfar/farfar
Stari oče
pappa
Oče
mamma
Mati
baby
Dojenček
dotter
Hči
son
Sin

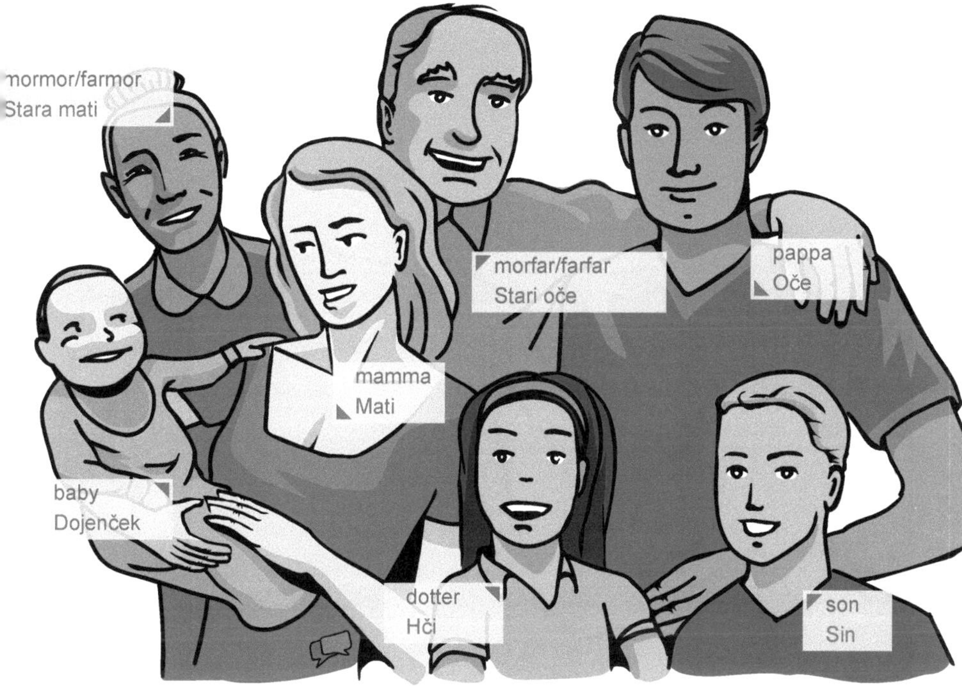

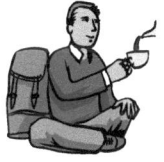

gäst

Gost

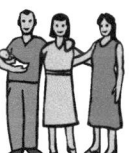

moster/faster

Teta

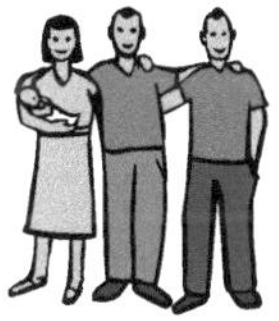

farbror/morbror

Stric

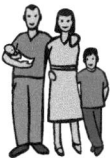

bror

Brat

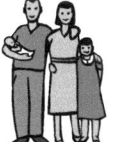

syster

Sestra

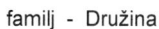

panna
Čelo

öga
Oko

ansikte
Obraz

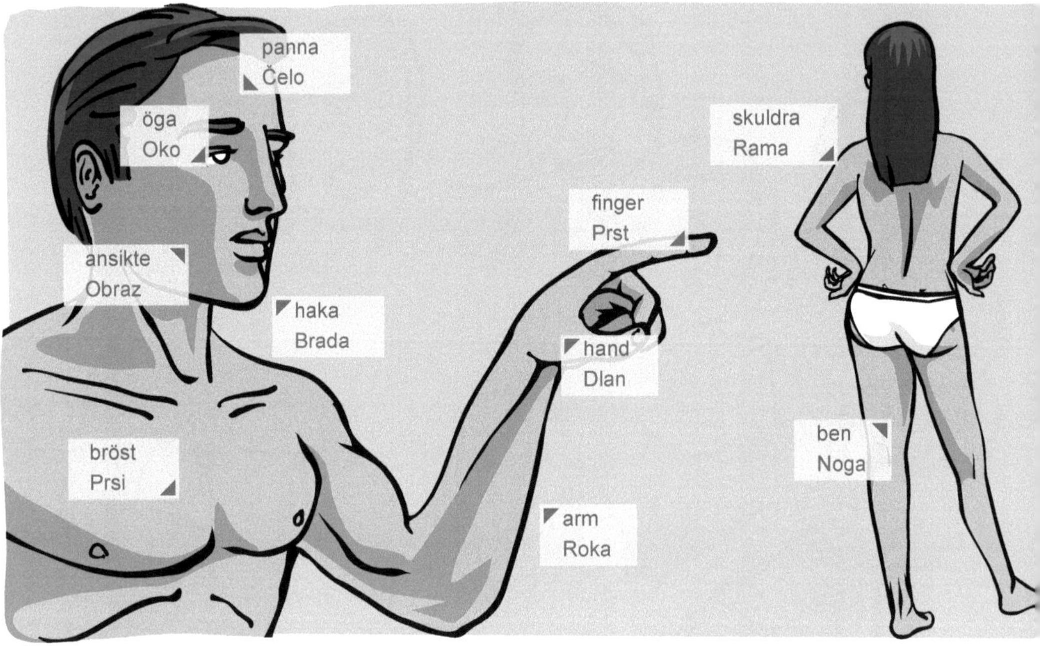

haka
Brada

bröst
Prsi

skuldra
Rama

finger
Prst

hand
Dlan

ben
Noga

arm
Roka

	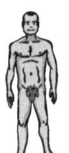	
baby	man	kvinna
Dojenček	Člověk	Ženska

flicka	pojke	huvud
Dekle	Fant	Glava

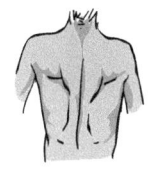

rygg

Hrbet

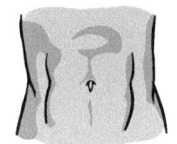

mage

Trebuh

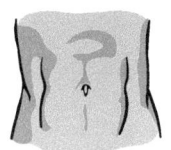

navel

Popek

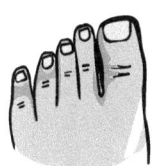

tå

Prst na nogi

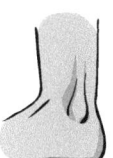

häl

Peta

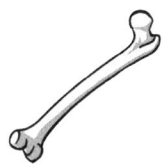

ben

Kost

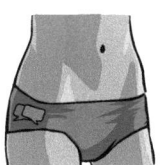

höft

Kolk

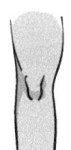

knä

Koleno

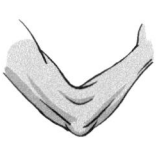

armbåge

Komolec

näsa

Nos

stjärt

Zadnjica

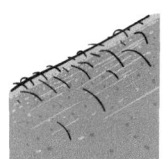

hud

Koža

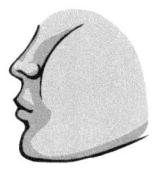

kind

Lice

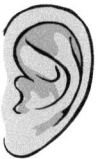

öra

Uho

läpp

Ustnica

mun

Usta

tand

Zob

tunga

Jezik

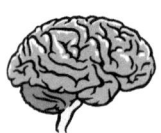

hjärna

Možgani

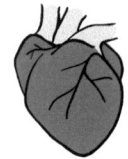

hjärta

Srce

muskel

Mišica

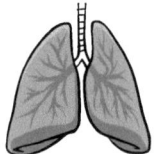

lunga

Pljuča

lever

Jetra

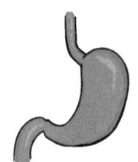

magsäck

Želodec

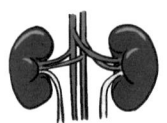

njurar

Ledvice

sex

Spolni odnos

kondom

Kondom

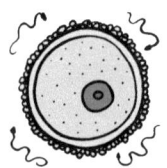

äggcell

Jajčece

sperma

Semenska tekočina

graviditet

Nosečnost

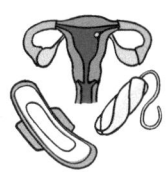

menstruation

Menstruacija

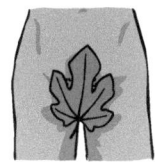

vagina

Vagina

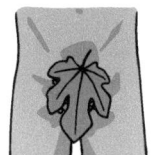

penis

Penis

ögonbryn

Obrv

hår

Lasje

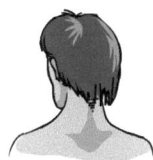

nacke

Vrat

sjukhus
Bolnišnica

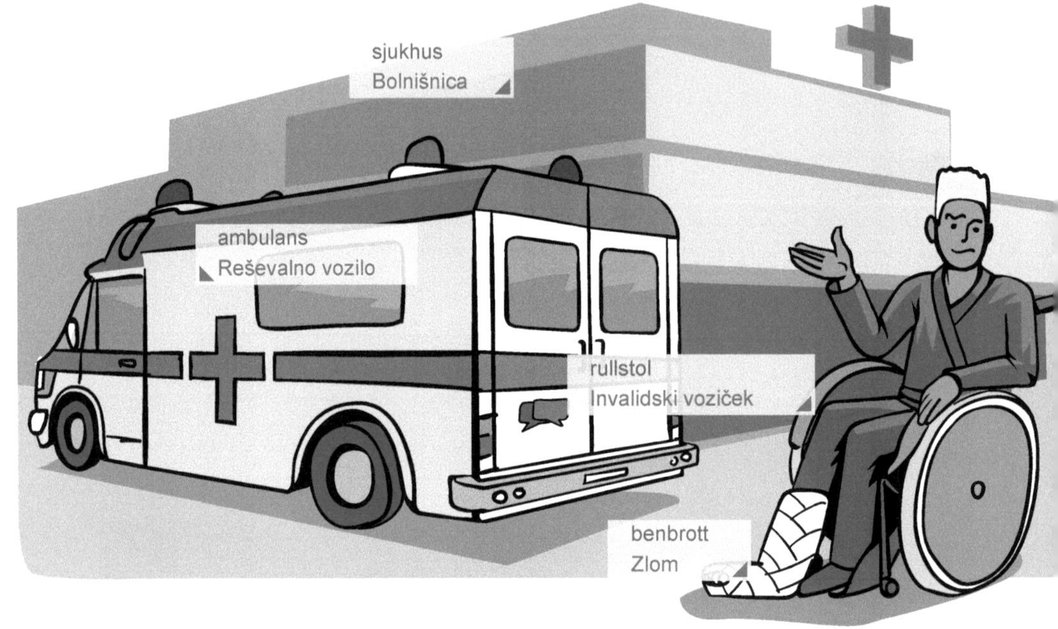

sjukhus
Bolnišnica
ambulans
Reševalno vozilo
rullstol
Invalidski voziček
benbrott
Zlom

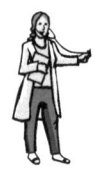

läkare

Zdravnik

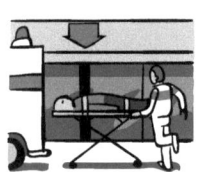

akutmottagning

Urgenca

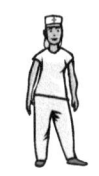

sjuksköterska

Medicinska sestra

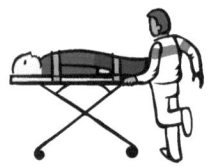

nödsituation

Nujni primer

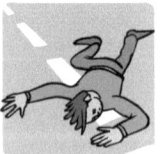

medvetslös

Nezavesten

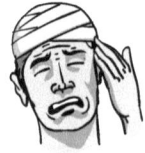

smärta

Bolečina

skada

Poškodba

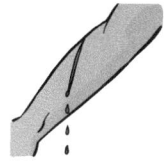

blödning

Krvavenje

hjärtattack

Srčni infarkt

slaganfall

Kap

allergi

Alergija

hosta

Kašelj

feber

Vročina

influensa

Gripa

diarré

Driska

huvudvärk

Glavobol

cancer

Rak

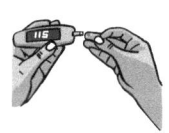

diabetes

Sladkorna bolezen

kirurg

Kirurg

skalpell

Skalpel

operation

Operacija

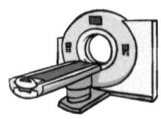

CT
CT

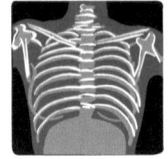

röntgen
Rentgen

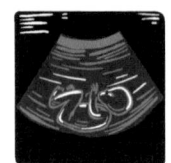

ultraljud
Ultrazvok

ansiktsmask
Obrazna maska

sjukdom
Bolezen

väntsal
Čakalnica

krycka
Bergla

plåster
Obliž

bandage
Preveza

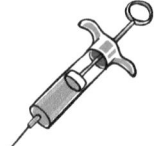

injektion
Injekcija

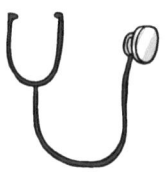

stetoskop
Stetoskop

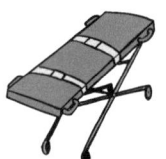

bår
Nosila

termometer
Klinični termometer

födsel
Porod

övervikt
Prekomerna teža

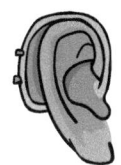

hörapparat

Slušni pripomoček

desinfektionsmedel

Razkužilo

infektion

Okužba

virus

Virus

HIV / AIDS

HIV / AIDS

medicin

Medicina

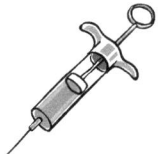

vaccination

Cepljenje

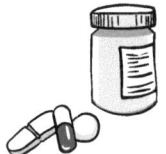

tabletter

Tablete

p-piller

Tableta

nödsamtal

Klic v sili

blodtrycksmätare

Merilnik krvnega tlaka

sjuk / frisk

bolano / zdravo

Hjälp!

Na pomoč!

alarm

Alarm

överfall

Napad

misshandel

Napad

fara

Nevarnost

nödutgång

Izhod v sili

Det brinner!

Gori!

brandsläckare

Gasilni aparat

olycka

Nezgoda

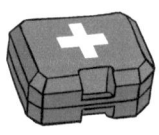

förbandslåda

Komplet za prvo pomoč

SOS

SOS

polis

Policija

Europa

Evropa

Nordamerika

Severna Amerika

Sydamerika

Južna Amerika

Afrika

Afrika

Asien

Azija

Australien

Avstralija

Atlanten

Atlantski ocean

Stilla Havet

Tihi ocean

Indiska Oceanen

Indijski ocean

Antarktiska Oceanen

Južni ocean

Arktiska Oceanen

Arktični ocean

Nordpol

Severni tečaj

Sydpol

Južni tečaj

Antarktis

Antarktika

Jorden

Zemlja

land

Kopno

hav

Morje

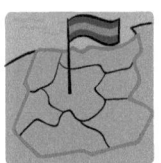

ö

Otok

nation

Narod

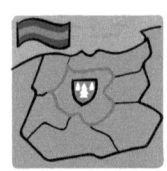

stat

Država

urtavla

Številčnica

timvisare

Urni kazalec

minutvisare

Minutni kazalec

sekundvisare

Sekundni kazalec

Vad är klockan?

Koliko je ura?

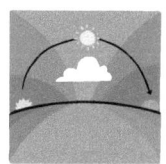

dag

Dan

tid

Čas

nu

Zdaj

digital klocka

Digitalna ura

minut

Minuta

timme

Ura

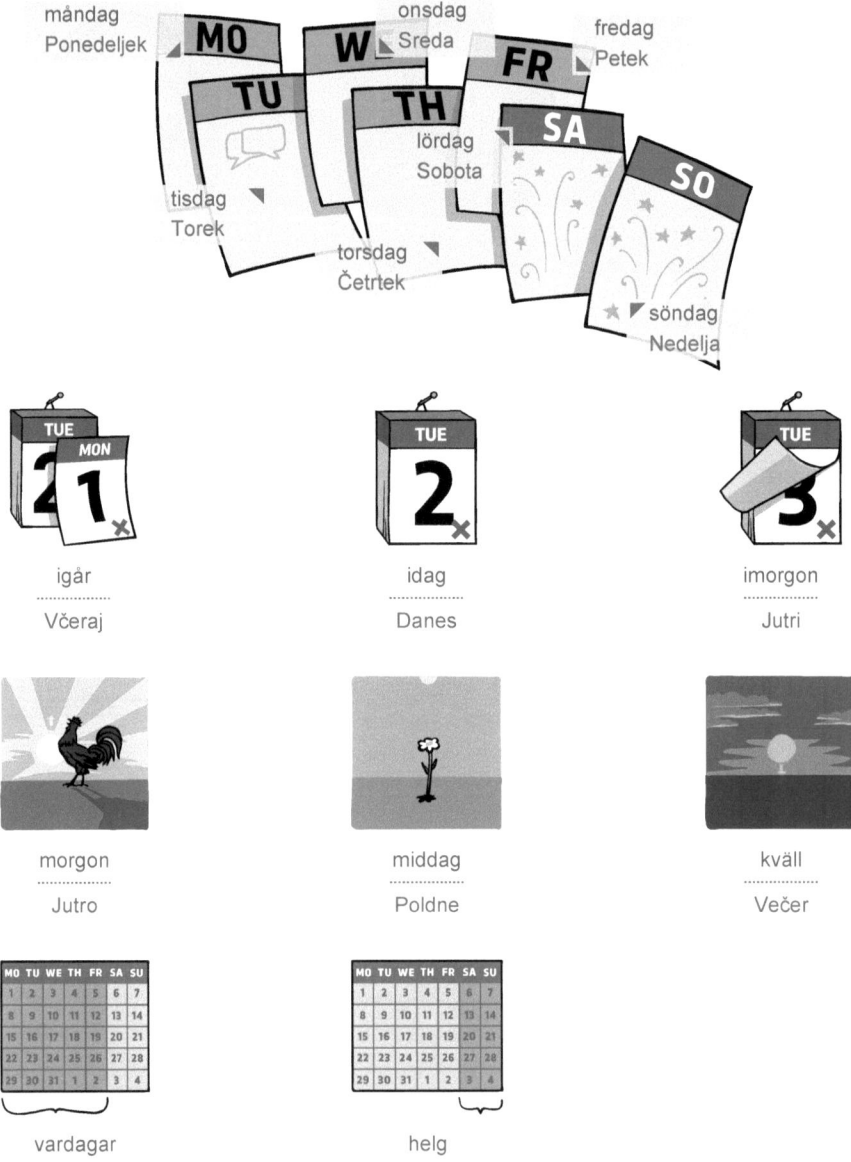

måndag / Ponedeljek — MO
onsdag / Sreda — W
fredag / Petek — FR
tisdag / Torek — TU
lördag / Sobota — TH, SA
torsdag / Četrtek
söndag / Nedelja — SO

igår
Včeraj

idag
Danes

imorgon
Jutri

morgon
Jutro

middag
Poldne

kväll
Večer

MO	TU	WE	TH	FR	SA	SU
1	2	3	4	5	6	7
8	9	10	11	12	13	14
15	16	17	18	19	20	21
22	23	24	25	26	27	28
29	30	31	1	2	3	4

vardagar
Delovni dnevi

MO	TU	WE	TH	FR	SA	SU
1	2	3	4	5	6	7
8	9	10	11	12	13	14
15	16	17	18	19	20	21
22	23	24	25	26	27	28
29	30	31	1	2	3	4

helg
Konec tedna

regnbåge
Mavrica

regn
Dež

snö
Sneg

vind
Veter

vår
Pomlad

höst
Jesen

sommar
Poletje

vinter
Zima

4.APRIL	11°	☀
5.APRIL	4°	🌧
6.APRIL	13°	🌧
7.APRIL	8°	❄
8.APRIL	10°	☀

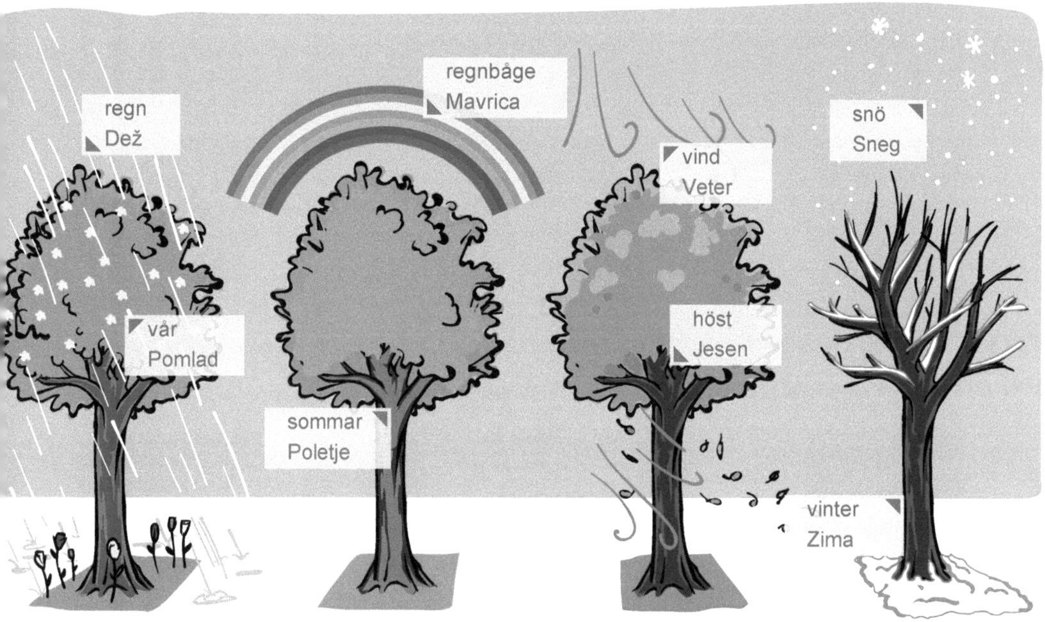

väderprognos

Vremenska napoved

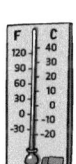

termometer

Termometer

solsken

Sončna svetloba

moln

Oblak

dimma

Megla

luftfuktighet

Vlažnost

blixt

Strela

åska

Grom

storm

Nevihta

hagel

Toča

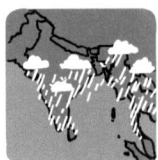

monsun

Monsun

översvämning

Poplava

is

Led

januari

Januar

februari

Februar

mars

Marec

april

April

maj

Maj

juni

Junij

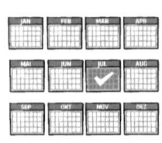

juli

Julij

augusti

Avgust

september

September

oktober

Oktober

november

November

december

December

former

Oblike

cirkel

Krogla

kvadrat

Kvadrat

rektangel

Pravokotnik

triangel

Trikotnik

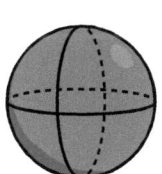

sfär

Krogla

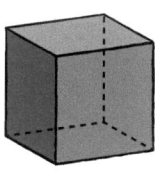

kub

Kocka

vit

Bela

gul

Rumena

orange

Oranžna

rosa

Rožnata

röd

Rdeča

lila

Vijolična

blå

Modra

grön

Zelena

brun

Rjava

grå

Siva

svart

Črna

mycket / lite
veliko / malo

arg / lugn
jezno / umirjeno

vacker / ful
lepo / grdo

början / slut
začetek / konec

stor / liten
veliko / majhno

ljus / mörk
svetlo / temno

bror / syster
brat / sestra

ren / smutsig
čisto / umazano

komplett / ofullständig
popolno / nepopolno

dag / natt
dan / noč

död / levande
mrtvo / živo

bred / smal
široko / ozko

ätlig / oätlig

užitno / neužitno

ond / god

zlobno / prijazno

upphetsad / uttråkad

vznemirjeno / zdolgočaseno

tjock / smal

debelo / vitko

först / sist

prvo / zadnje

vän / fiende

prijatelj / sovražnik

full / tom

polno / prazno

hård / mjuk

trdo / mehko

tung / lätt

težko / lahko

hunger / törst

lakota / žeja

sjuk / frisk

bolano / zdravo

olaglig / laglig

nezakonito / zakonito

intelligent / dum

pametno / neumno

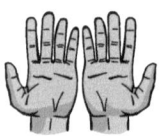

vänster / höger

levo / desno

nära / långt bort

blizu / daleč

ny / begagnad

novo / rabljeno

inget / något

nič / nekaj

gammal / ung

staro / mlado

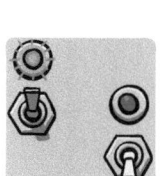

på / av

vklopljeno / izklopljeno

öppen / stängd

odprto / zaprto

tyst / högljudd

tiho / glasno

rik / fattig

bogato / revno

rätt / fel

prav / narobe

grov / slät

grobo / gladko

ledsen / glad

žalostno / veselo

kort / lång

kratko / dolgo

långsam / snabb

počasi / hitro

våt / torr

mokro / suho

varm / sval

toplo / hladno

krig / fred

vojna / mir

0

noll

Ničla

1

ett

Ena

2

två

Dva

3

tre

Tri

4

fyra

Štiri

5

fem

Pet

6

sex

Šest

7

sju

Sedem

8

åtta

Osem

9

nio

Devet

10

tio

Deset

11

elva

Enajst

12

tolv
Dvanajst

13

tretton
Trinajst

14

fjorton
Štirinajst

15

femton
Petnajst

16

sexton
Šestnajst

17

sjutton
Sedemnajst

18

arton
Osemnajst

19

nitton
Devetnajst

20

tjugo
Dvajset

100

hundra
Sto

1.000

tusen
Tisoč

1.000.000

miljon
Milijon

engelska

Angleščina

amerikansk engelska

Ameriška angleščina

kinesisk mandarin

Mandarinščina

hindi

Hindujščina

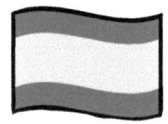

spanska

Španščina

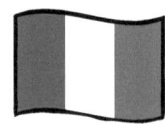

franska

Francoščina

arabiska

Arabščina

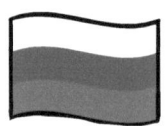

ryska

Ruščina

portugisiska

Portugalščina

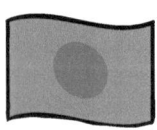

bengali

Bengalščina

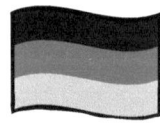

tyska

Nemščina

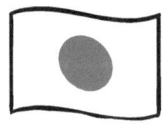

japanska

Japonščina

jag

Jaz

du

Ti

han / hon / den (det)

On / ona / tisto

vi

Mi

ni

Vi

de

Oni

vem?

Kdo?

vad?

Kaj?

hur?

Kako?

var?

Kje?

när?

Kdaj?

namn

Ime

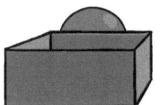

bakom

Zadaj

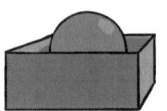

i

V

framför

Pred

över

Nad

på

Na

under

Pod

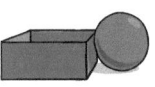

bredvid

Poleg

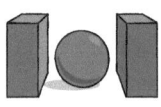

mellan

Med

plats

Kraj